DISCOURS

SUR LA

LIBERTÉ DE L'ENSEIGNEMENT.

IMPRIMERIE DE E.-J. BAILLY,
PLACE SORBONNE, 2.

DISCOURS

SUR LA

LIBERTÉ DE L'ENSEIGNEMENT,

DÉFENDUE

CONTRE LA RAISON D'ÉTAT

ET

CONTRE LES PRÉVENTIONS DÉFAVORABLES AU CLERGÉ ;

Par M. l'abbé J.-A. LALANNE,

Directeur de l'École Sainte-Marie, à Layrac; ancien Principal
de collége.

Paris,

DEBÉCOURT, LIBRAIRE-ÉDITEUR,
RUE DES SAINTS-PÈRES, 69.

1839.

PRÉFACE

Ce discours ne fut d'abord destiné qu'à un auditoire peu nombreux d'une petite ville de province. Quelques affaires m'ayant appelé à Paris, je cherchai l'occasion de le lire à des personnes d'une sûre critique, et je fus encouragé par elles à donner une plus grande publicité à cet opuscule qui leur parut d'un intérêt général. Je n'ai pas cru cependant devoir en changer la forme. D'une tribune plus élevée, c'est toujours aux pères de famille que je m'adresse ; et, sur le sujet que je traite, les intérêts, les opinions, les sentimens de tous les pères sont à peu près les mêmes, je crois, par toute la France.

A ce court préalable, je n'ajouterai qu'un mot : c'est que je n'ai pas entendu faire de l'opposition au gouvernement. L'un des organes du pouvoir, l'homme le plus capable en France de pénétrer au fond de la question, prépare une loi dans le sens de la liberté. Il faudrait aussi qu'une classe élevée, qui comprend le plus grand nombre des électeurs et des députés, fût plus éclairée sur une matière dont la spécialité est trop peu connue. Il faudrait, avec moins de préventions invétérées, moins de petits intérêts locaux, des vues plus larges de liberté pour tous.

DISCOURS

SUR LA

LIBERTÉ DE L'ENSEIGNEMENT.

La liberté de l'enseignement! Voilà bientôt dix ans, Messieurs, que cette parole, sortie du sein d'une tempête, roule inutilement autour de nos oreilles déçues. Par intervalle, on l'écoute, on la recueille; des voix généreuses la répètent, mais elles sont aussitôt emportées par

des tourbillons d'affaires et d'événemens qu'il
faut laisser passer avant tout..... Dans la carrière des sociétés, comme dans la vie des indi-
vidus, il est des périodes où les intérêts maté-
riels doivent prévaloir sur les intérêts moraux,
parce qu'ils sont plus urgens ou plus importuns.

Mais enfin le moment est arrivé où des dé-
bats solennels vont mettre au jour, sous tous ses
points de vue, une question d'une si haute importance. Qu'il soit permis, Messieurs, à un
praticien en éducation, à un homme dont toute
la pensée et tous les travaux ont convergé, plus
de vingt années, sur ce point unique, de faire
part à ses concitoyens de ses aperçus et de ses
réflexions ; à vous du moins, pères de famille,
dont il a si souvent interrogé le cœur, dont il
connaît si bien les vœux et les besoins ; et à
vous aussi, législateurs, si ma voix faible, ti-
mide, inconnue, peut monter jusqu'aux siéges
où vous allez bientôt vous asseoir pour disposer
d'un si grand bienfait.

Ce n'est pas que j'aille reproduire ici, Messieurs, tout ce qui a été dit et tout ce qu'on peut dire sur la liberté d'enseignement. Rien de plus inutile qu'un discours qui tend à prouver aux lecteurs la chose même dont ils sont profondément convaincus. Or est-il en France un de ces pères de famille, à qui je m'adresse spécialement, est-il un père qui s'étant occupé tant soit peu de la question, ne l'ait déjà résolue dans le sens de la liberté, comme on revendique un droit sacré, imprescriptible, inviolable. Ce droit, la faculté d'élever ses enfans comme il croit le mieux, ce ne sont pas des chartes qui l'ont octroyé au père ; il ne le doit à aucune loi, à aucune convention humaine ; c'est la nature qui l'a gravé au fond de son cœur avec le sentiment même de la paternité. La chose est donc trop évidente à tous les yeux. Il serait superflu de le démontrer, et je dois partir de là comme d'une conviction commune. La liberté d'enseignement n'est plus pour nous une question ; c'est un principe.

Toutefois, Messieurs, ce principe que nous supposons ici admis unanimement n'est pas à l'abri de toute objection ; et certes, ce n'est pas le seul cas où les hommes diffèrent d'opinion et de sentiment sur les vérités le plus solidement établies. C'est selon qu'on les considère sous divers points de vue. Ce que vous appelez une liberté sacrée, le législateur y verra peut-être un obstacle ou une infraction à l'ordre. Vous réclamerez un droit, il vous opposera un devoir. En un mot, au-dessus du vœu de l'individu, au-dessus des intérêts de la famille, il pourra faire prévaloir la raison d'État, c'est-à-dire, l'intérêt de tous, qui est à ses yeux la raison suprême ; et voilà, Messieurs, il faut le dire, une objection sérieuse, la seule qu'on puisse apporter dans la discussion. C'est sur ce point qu'il nous faut en ce moment concentrer toutes nos pensées ; ce sera tout le sujet de ce discours : je m'explique d'abord et je développe cette objection qu'on peut résumer sous le nom de raison d'État.

On vous accorde, pères de famille, que ce droit, si hautement revendiqué par votre cœur, vous le tenez de la nature ; mais au-dessus de ce droit naturel, on croit pouvoir placer un devoir. Il est écrit, en tête de tous les codes, comme la condition préalable à toute civilisation, d'abord *l'État*, ensuite *la famille*, après tout *l'individu*. Vous ne pouvez le nier, cet autre principe, ni en théorie, ni en pratique, sans tomber dans l'égoïsme, sans rompre avec la société. Partout l'intérêt particulier doit le céder à l'intérêt général. La liberté individuelle ne peut aller que jusqu'au point où elle ne peut nuire à personne ; c'est à ce haut prix que l'homme civilisé achète de la société les avantages qu'elle lui apporte ; et ces droits les plus chers qu'il tiendrait de la nature, il doit être prêt à les sacrifier, si l'exercice de ses droits peut troubler l'ordre public, l'ordre étant pour la société, qui fait vivre l'individu, une condition essentielle de bonheur et d'existence.

Or, une fois cela posé, on vous démontrera,
Messieurs, que l'exercice de la liberté réclamée
par vous comme pères est nuisible à l'ordre qui
doit être maintenu par vous comme citoyens.
L'esprit marche avant tout, dira-t-on ; la nation
la plus éclairée étant toujours en voie de dicter
des lois au reste du monde, on vous laissera
facilement convaincus, que l'État ne peut pas
omettre d'embrasser dans sa sollicitude un intérêt aussi précieux que celui de la conservation, de la progression et de l'accroissement
des lumières par l'enseignement. En outre, c'est
un levier si puissant que celui de l'intelligence
dans le gouvernement des hommes, c'est un
mobile si actif, c'est l'élément dans lequel on
trempe tous les ressorts de la politique pour
leur donner de la souplesse et de la force. La
main qui s'en emparera, vous assurera-t-on,
deviendra tôt ou tard la main du maître. Par là
pourront s'introduire dans la masse d'une nation les hétérogènes les plus étranges et les réac-
tifs les plus dissolvans. Si l'État est religieux,

il doit toujours voir le philosophisme prêt à
l'envahir par cette porte ; si l'État est dominé
par le philosophisme, il doit craindre toujours
que n'entre par là ce qu'il appellera le despo-
tisme de l'esprit religieux..... Voyez donc ce
que vous demandez, vous qui réclamez la liberté d'enseignement. Vous demandez que l'É-
tat compromette sa considération au dehors et
sa tranquillité au dedans ; vous demandez qu'il
coure gratuitement le risque de descendre du
rang où la supériorité des lumières, les travaux de tant d'illustres savans l'ont élevé parmi
les nations ; vous demandez qu'il dépose toute
sollicitude pour la conservation de sa force
morale et de son influence intellectuelle ; vous
voulez qu'il s'abandonne et qu'il laisse une libre
entrée à tous les élémens, quels qu'ils puissent
être, qu'on voudra introduire et agiter dans
son sein ; et que savez-vous si cette puissance
dont vous êtes menacé de subir la domination
ne sera pas précisément celle que l'État doit le
plus appréhender, parce qu'il la croit ennemie

et subversive de ses institutions. Non ; l'État ne peut pas commettre une faute aussi grave que de ne point s'assurer de ce qui a la plus grande influence sur les sociétés humaines, pour les conserver ou pour les dissoudre ; l'État doit tenir sous sa main le monopole de l'enseignement.

Voilà, Messieurs, l'objection aussi forte qu'on l'ait jamais faite ; elle a une haute portée, vous le voyez ; si vous avez pour vous des droits, on a contre vous des raisons qui légitiment la récusation de vos droits. La question est plus difficile qu'elle ne le paraît au premier abord ; d'ailleurs elle n'est point nouvelle. Vous avez pu le remarquer, Messieurs ; en dernier résultat c'est la continuation d'une vieille querelle, d'un immense débat : c'est encore ici un glaive qui se pare contre l'autre glaive ; le pouvoir temporel, qui craint le pouvoir spirituel ; c'est l'État qui fait sa part à la religion pour que la religion ne lui fasse point la sienne : ne nous y méprenons pas, Messieurs ; toute la difficulté

de la question est là. Car telle est depuis long-
temps l'erreur fatale de l'humanité, celle qui
met le plus d'entraves à sa marche, que tous ses
efforts tendent à diviser les deux principes dont
l'union ferait sa perfection et sa félicité.

Eh bien! Messieurs, prenons-la dans toute
sa force cette raison d'État qui milite si puissamment contre une liberté qui nous est si
chère. Je la discute successivement dans le droit
et dans le fait. Je dis que dans le droit cette
raison n'est pas fondée ; je dis que dans le fait
cette raison s'évanouit comme une chimère,
non moins funeste que vaine.

Raison d'État considérée dans le droit.

Quel est le droit sur lequel on se fonderait,
Messieurs, pour repousser le vœu si naturel et
si légitime des pères de famille ? Vous l'avez entendu, c'est le droit acquis à la société sur tous
ses membres, par une convention tacite, de

leur imposer les sacrifices nécessaires à sa conservation ; ce droit est réel , mais est-ce bien ici le cas d'en faire l'application?

★

Il y a, Messieurs, généralement dans les grandes sociétés humaines et particulièrement aujourd'hui parmi nous, deux sociétés secondaires, bien distinctes par leur origine, par leur nature, par leurs fins. L'une, la société civile, née des conventions humaines, de sa nature oppressive de la liberté individuelle, et qui a pour objet la conservation du bien matériel ; l'autre, la société religieuse, fondée sur la croyance en la révélation d'une loi divine, de sa nature émancipatrice de l'individu et qui a directement en vue la conservation du bien moral. Je dis, Messieurs, que ces deux sociétés existent, qu'elles sont distinctes, bien qu'elles comprennent souvent les mêmes hommes, et que les membres qui peuvent être réclamés par chacune d'elles vivent ensemble et paraissent se mêler et se confondre sur le même sol. Je dis que ces sociétés ont chacune leurs lois et leurs droits, et que cela se voit particulièrement aujourd'hui parmi nous.

Que résulte-t-il, en effet, Messieurs, du dogme politique de la liberté de religion, qui est certainement une des bases sur lesquelles notre constitution est assise? Liberté de religion, cela veut dire que la puissance extérieure, le pouvoir temporel, l'État, la société civile, car toutes ces expressions ont le même sens, ne s'immisce point dans la conscience des citoyens et que chacun est libre de pratiquer la religion à laquelle il a voué son cœur et juré sa foi; cela veut dire que la religion, ou ce qui est la même chose, la société religieuse, ne peut avoir avec la société civile aucun rapport qui établisse la domination de l'une sur l'autre, et que leurs relations doivent se borner à un respect et à une protection mutuelle qui reconnaisse et qui garantisse à chacune ses droits et sa liberté;

cela veut dire, enfin, la même chose que nous posons en principe, savoir, qu'il y a parmi nous et en vertu de notre constitution actuelle, deux sociétés qui ont chacune leurs lois et leurs droits.

Or, ces deux sociétés étant en présence de l'objection qu'on nous porte pour contre-balancer et annuler le droit du père de famille sur l'éducation de ses enfans, il faut s'expliquer et savoir au nom de laquelle de ces deux sociétés on réclame; de quelle part on aurait le droit de commander au père de famille le sacrifice dont il est question. Est-ce au nom de la société civile? est-ce au nom de la société religieuse?

Ne perdons point de vue, Messieurs, que ni l'une ni l'autre ne peuvent prévaloir contre un droit naturel qu'autant que serait menacé, dans son existence, par l'exercice de ce droit, l'un ou l'autre ordre de bien que chacune d'elles a pour mandat de protéger et de conserver; l'une le bien matériel, l'autre le bien moral.

Sous cet aspect, il me semble que la solution de la question dépend uniquement de la nature de l'objet en discussion. Si l'éducation est une chose matérielle, il appartient à la société civile de la régler et de subordonner à ses intérêts le vœu et le droit des pères de famille. Si, au contraire, l'éducation est une chose morale, il est certain que la société religieuse peut la revendiquer, la renfermer dans ses limites, la protéger derrière le rempart de son indépendance, et que la société civile n'a point le droit de s'y immiscer.

Maintenant, Messieurs, que l'éducation soit un bien moral et non pas un bien matériel, ce serait, je crois, vous faire injure que de s'arrêter à prouver une proposition qui porte dans son énoncé une si frappante évidence. On pourrait, à la vérité, donner un instant le change en disant *enseignement* ou *instruction* au lieu d'*éducation;* et je ne sais vraiment si c'est dans ce but que partout on dit, partout on écrit cette expression si incomplète et si impropre, *liberté d'enseignement;* tandis que partout on dit et que partout on écrit *Maison d'éducation* et non *Maison d'enseignement.* L'*enseignement* proprement dit, qui a constamment pour but de rendre un homme capable de contribuer, dans un ordre quelconque de fonctions, au bien matériel de la société, l'enseignement, à toute rigueur, pourrait être indirectement réclamé par la société civile; mais l'éducation, qui, à l'exception de quelques exercices gymnastiques, de quelques talens d'agrément exclusivement dirigés vers le développement et le perfectionnement du corps; l'éducation, qui de l'homme physique et intellectuel doit faire sortir l'homme moral; l'éducation, qui a tour-à-tour pour base et pour levier la religion elle-même; il est bien hors de doute, je crois, que l'éducation est à la religion ce que sont entre eux deux élémens de même nature, deux forces parallèles, une cause inséparable de son effet.

En outre, ce n'est pas seulement d'instruction et d'enseignement qu'il s'agirait en France, dans les écoles publiques, pour vos enfans, pères de famille; ce serait aussi d'éducation. Je ne dis pas assez : dans votre vœu, pour votre besoin, bien constant, bien hautement manifesté, ce serait surtout d'éducation. Vous dites tous en nous présentant vos enfans : Je veux d'abord que mon fils soit un homme moral, un honnête homme; l'instruction viendra toujours après.

Mais quoi! l'éducation concerne-t-elle donc le professeur? N'est-ce pas éminemment l'attribution et le devoir du père et de la mère? Sans doute, Messieurs; mais considérez les usages et les besoins de la société actuelle. Nous ne sommes plus au temps, et nous devons peut-être en gémir, où l'instruction se donnait aux écoles et l'éducation dans la famille. Telles furent longtemps nos mœurs : des professeurs ouvraient des écoles; l'enfant se détachait un instant de la famille pour aller écouter les leçons de quelque savant homme ; la leçon reçue, il rentrait aussitôt dans le sein de sa famille ; c'était là qu'au foyer paternel il puisait les principes et les habitudes de la religion et des mœurs honnêtes, par des enseignemens familiers, par de douces remontrances, par l'exemple surtout des vertus de ses parens, naturellement et incessamment, comme il avait naguère puisé la liqueur nourricière de ses premiers jours dans le sein de sa mère. Alors le professeur n'avait qu'une participation indirecte à l'éducation ; il se renfermait dans la fonction de l'enseignement, et si, dans ces temps, la question avait été soulevée, qui va se discuter de nos jours, on n'aurait pu dire que *liberté d'enseignement*. Mais il n'en est point de même aujourd'hui, et cette observation, Messieurs, peu de nos publicistes me paraissent l'avoir faite. Les relations sociales et les obligations qu'elles imposent à chaque homme se sont tellement étendues et multipliées, les besoins de la vie sont devenus si difficiles à satisfaire, que force a été au père

de famille, et quelquefois à la mère, de renoncer à faire par eux-mêmes l'éducation de leurs
enfans. Privation cruelle sans doute, mais dont
vous savez, Messieurs, toute la nécessité. Il a
donc fallu commettre en d'autres mains un devoir si cher et si sacré. Les pères de famille s'é-
taient d'abord adressés à des hommes religieux ;
ils avaient cru que la communauté remplace-
rait avec quelque avantage la famille, et que la
paternité spirituelle représenterait admirable-
ment à leurs enfans la paternité naturelle. Les
enfans devinrent donc habitans des cloîtres, et
telle fut l'origine des pensionnats. Ensuite,
l'esprit public s'étant détourné, à tort ou avec
raison, des hommes religieux et de leur façon
de vivre, on a cru mieux faire en confiant les
enfans, toujours pour les élever, quand on n'a
pu le faire par soi-même, ici à d'autres pères
de famille, avec leurs propres enfans ; là, à
des militaires, sous la discipline si ferme et si
exacte de leur régime; le plus souvent à des professeurs qui se chargeaient aussi de l'enseigne-

ment; enfin, de nos jours, tel est sur ce point l'état de nos mœurs, que la plupart des enfans qui étudient, dans la capitale ou dans la province, séparés de leur famille, renfermés dans les colléges, doivent y trouver l'éducation, sinon, n'en recevoir aucune. C'est là, derrière ces portes, dans l'enceinte de ces murs, ou ce n'est nulle part, que leurs caractères sont façonnés, que leurs penchans sont redressés, que leurs mœurs sont surveillées ; c'est là que la religion doit être insinuée dans leur cœur pour qu'ils la chérissent, dans leur esprit pour qu'ils y aient foi, dans leurs habitudes pour qu'ils la pratiquent avec facilité et avec bonheur ; les colléges, en un mot, sont inévitablement, pour la plupart des enfans, nous l'avons bien dit et l'expression en est passée dans le langage vulgaire, non pas seulement des écoles d'instruction pour former des savans et des artistes, mais des *maisons d'éducation* d'où la société religieuse et la famille attendent des hommes moraux et religieux.

C'est donc bien d'éducation qu'il s'agit dans la question discutée.

L'éducation est essentiellement un bien de l'ordre moral et religieux.

Les choses morales et religieuses ressortent de la société religieuse.

Donc, si les pères de famille devaient céder à la voix et aux intérêts majeurs de la société le droit que la nature leur donne sur l'éducation de leurs enfans, ce n'est point à la société civile de lui commander ce sacrifice; elle sortirait de son ressort, et la raison d'État ne saurait être ici fondée en droit.

******

Et voyez, Messieurs, combien toutes ces conclusions sont conformes aux principes fondamentaux de notre charte constitutionnelle.

Un grand peuple s'est levé un jour sur la terre sans chef et sans loi, et alors il s'est écrié : Je suis libre! Alors il a pu faire sa part au pouvoir qu'il lui a plu de se constituer, et il a pu aussi faire la sienne. Pour sa part, il s'est réservé tout ce qu'il a cru appartenir à l'homme, par un droit inaliénable, par le droit de nature. Ce qui appartient naturellement à l'homme, a-t-il dit, c'est bien sa pensée, c'est son cœur, c'est sa croyance; qui oserait le nier? Quel homme, sans se dépouiller de sa nature d'homme, pourrait faire état de renoncer à la liberté de penser, à la liberté d'aimer, à la liberté de croire? Quel pouvoir, après la manifestation de ces vérités, irait témérairement entreprendre, s'il le croyait permis ou possible, d'imposer à ses sujets, la forme de leurs pensées, les objets de leur affection et le critérium de leur croyance? La part de l'homme était donc trop bien définie par la nature même de l'homme, et ni le peuple souverain, ni le pouvoir qu'il constituait n'ont pu s'y mépren-

dre. Un pacte a été dressé. Il a dû nécessairement consacrer et la liberté de penser avec
toutes ses conséquences, dont la plus immédiate
est la liberté de manifester la pensée, et la liberté d'aimer qui pourrait comprendre (toutes
les affections de l'homme tendant à se concentrer dans la famille) la liberté de l'union con-
jugale et de l'éducation des enfans; enfin la liberté de croire, qui se résume presque tout
entière dans la liberté de religion.

Une fois cette part faite à l'homme, non pas
arbitrairement et capricieusement, mais d'a-
près le vœu et l'inspiration de la nature, le
peuple a laissé tout le reste au pouvoir, non
pour disposer et pour perdre, mais pour conserver fidèlement et loyalement administrer.
Il a pu lui dire: Voilà le sceptre, la balance
et le glaive : avec cela vous protégerez nos
propriétés et notre vie; et si par vos soins
nous vivons tranquilles possesseurs de nos
biens et de notre industrie, vous aurez rempli

votre mandat ; quant à ce que nous penserons,
ce que nous dirons, ce que nous écrirons ; les
plaisirs dont nous parviendrons à embellir notre
existence et les chagrins qui nous la rendront
amère, le Dieu que nous adorerons et le Dieu
que nous n'adorerons pas, vous n'avez rien à y
voir, si ce n'est de protéger sur toutes ces
choses la liberté qui est notre droit, et de nous
en assurer la jouissance.

Que cette protestation d'un peuple souverain
soit absolument irrépréhensible ; que ce peuple
ait trouvé enfin par cette manière d'être, après
tant d'agitation et de souffrance, tant de sang
répandu, tant de ruines et de larmes, le secret
du meilleur gouvernement possible ; ce n'est
point sur cette question si grave, Messieurs, et
peut-être au-dessus de la portée humaine, que
nous avons ici à nous prononcer ; Dieu le sait
et nous le verrons..... Je veux seulement constater un fait pour en venir à établir un droit·
Ce fait, c'est l'identité d'origine et de nature

entre le principe qui sert de base à la double liberté de manifester sa pensée et de professer sa croyance, et le principe que vous devez invoquer pour défendre votre droit à la liberté d'éducation.

En effet, Messieurs, serait-il possible de séparer de l'enseignement, la pensée ; de l'éducation, la religion. A part quelques accessoires de peu d'importance, élever un enfant n'est-ce pas uniquement faire éclore sa pensée, développer son intelligence, diriger les penchans de son cœur, y imprimer, et dans son esprit, les croyances et les affections religieuses ? — L'éducation, l'enseignement, c'est bien cela ou ce n'est rien du tout : mais cela même, Messieurs, la pensée, les affections, la foi, c'est la part que l'homme s'est faite, en vertu d'un droit naturel; dans la constitution civile, c'est la réserve interdite au pouvoir. De quel droit, à quel titre viendrait-il donc s'y ingérer dans un état libre? Parce que ce sont des enfans, ces membres de la société sur lesquels il agirait? Parce qu'ils ignorent leur droit? Parce qu'ils n'ont ni voix ni force pour se défendre? Mais n'êtes-vous point là, vous, leurs pères, et la nature et la religion répétant au fond de vos entrailles tous les cris de leur faiblesse et de leurs besoins, ne vous disent-elles pas tous les jours, vos enfans, c'est vous? Répondez donc pour vos enfans. Chez un peuple libre, le pouvoir a-t-il droit à la pensée? Le pacte constitutif de la nation ne consacre-t-il point votre indépendance sur ce point et votre liberté? — Chez un peuple libre, le pouvoir a-t-il droit sur les croyances? Le pacte constitutif ne vous garantit-il pas la liberté de religion? Chez un peuple libre, le pouvoir n'a donc aucun droit non plus à prétendre sur l'éducation; car l'éducation ne se compose que de la culture de l'esprit et de la formation des mœurs par la pensée et par les croyances.

Voulez-vous donc, pères de famille, raisonner juste avec l'État sur vos droits? Faites marcher la liberté de l'éducation de pair avec la liberté de la presse et la liberté de religion. Ces libertés sont sœurs et forment ensemble le complément des libertés civiles. La suppression de l'une impliquerait la nullité des autres, car elles sont parties des mêmes principes, elles reposent sur les mêmes droits, elles sont marquées au même titre par le pacte constitutif. Si l'on vous objecte, comme on le fait, les inconvéniens qu'entraînerait la liberté de l'enseignement ; si l'on vous montre l'hydre avec ses têtes sans cesse renaissantes, prête à envahir le pays et à dévorer vos enfans ; si l'on déroule à vos yeux les déserts arides et désolés de la barbarie qui s'en vont succéder à ces si riches plaines, à ces coteaux si fertiles de notre belle France ; si par toutes ces chimères, par ces fantômes si effrayans on entreprend de vous faire reculer d'épouvante, demandez à votre tour si la liberté de la presse, si la liberté de religion n'ont pas aussi leurs inconvéniens ; si ces libertés aussi ne sont point des foyers permanens où s'allument ces torches des révolutions qui dépeuplent aussi et ravagent les États. Qu'a-t-on dit, qu'a-t-on fait en France, quand un pouvoir que la licence de la presse avait battu en brèche pendant quinze ans et qui se voyait chaque jour sapé par sa base au nom de toutes les libertés, a voulu enfin, prétextant ou réclamant un droit de conservation, arrêter la main qui le frappait, qui le démolissait, qui le tuait..... Si les attentats, si les entraves, si les obstacles que la liberté de la presse a suscités au pouvoir ne lui ont point donné le droit de la supprimer, et non plus les craintes que peut lui faire concevoir la liberté de l'enseignement ne lui donnent point le droit de la refuser, car la liberté de l'enseignement est un droit au même degré que la liberté de la presse, que la liberté de religion. Toutes ces libertés, nous le savons bien, sont très contrariantes pour le pouvoir; assez gêné déjà par l'exercice qu'elles se donnent en dehors et au-dessus de sa portée, il lui serait très commode et avantageux de les brider et de les rendre à jamais stériles en les coupant doucement, par dessous terre, dans leurs racines. Cela peut paraître à certains hommes aussi expédient qu'ingénieux. Mais il n'est pas question ici de préconiser ce qui est à l'avenance du pouvoir, il s'agit de constater ce qu'il peut et ce qu'il ne peut pas; ce qui rentre dans ses attributions et ce qui en est hors; ce qui est compatible enfin avec nos institutions. Qu'on dise qu'avec la liberté de l'enseignement, ajoutée à la liberté de la presse et à la liberté de religion, il est impossible de gouverner, la question sera jetée aux publicistes de rechercher s'il est plus avantageux à un peuple d'être gouverné absolument que d'être libre constitutionnellement. Deux révolutions sont là! l'une pour être ensevelie, l'autre pour éclore; mais il ne s'ensuivra pas moins que si l'on refuse la liberté de l'enseignement, il faut aussi anéantir la liberté de la presse et la liberté de religion; et que, si l'on maintient la liberté de religion et la liberté de la presse, comme des conditions indispensables à la prospérité et à la félicité d'un peuple, il faut aussi, et à plus forte raison, décréter la liberté de l'enseignement.

On ne doit point se lasser de le répéter, parce qu'il importe que tous le sachent et que pas un ne l'oublie ; il y a ici un droit naturel , un droit sur lequel la société civile , l'État, le pouvoir ne peut rien , et parce que ce droit n'est point de son ressort, et parce qu'il a été élevé par la loi fondamentale au degré d'un droit constitutif ; je vais plus loin.

★ ★ ★

Jusqu'à ce moment , pères de famille , j'ai accordé à vos adversaires que de graves inconvéniens seraient suscités à l'État par la liberté de l'enseignement ; mais veuillez vous souvenir de la promesse que j'ai faite de réduire, dans la suite de ce discours , ces craintes à leur juste valeur. Maintenant, et avant d'aborder ce sujet, je vais dire ce qui arriverait dans le cas contraire, si, par impossible, le légitime exercice du droit que nous revendiquons, nous était refusé ou accordé à de telles conditions qu'il devînt illusoire. Vous allez voir que toutes nos libertés fondamentales y seraient compromises; vous allez répondre, sous un rapport, à la grave question que nous venons de laisser tomber, si, en dernier résultat, il va mieux à un peuple d'être gouverné absolument que d'être libre constitutionnellement.

Voici le pouvoir qui s'introduit par l'éducation dans l'asile le plus secret de vos familles et qui étend sa main sur le berceau de vos enfans; le voici qui s'assied, avec ses agens, aux avenues de la vie, comme vous le voyez assis aux portes de vos cités; nul n'entrera qui ne soit vu, inspecté, manié, façonné par lui : aucun ne lui échappera; c'est par lui que viendront à vos enfans toutes leurs lumières, tous leurs sentimens : leurs idées sur la vérité et sur l'erreur;

leurs affections et leurs croyances religieuses et politiques ; nul ne raisonnera que d'après les principes qu'il aura posés ; nul ne connaîtra ses droits et ses devoirs que d'après les leçons qu'il aura dictées; nul ne servira Dieu que de la manière qu'il l'aura entendu : lui seul enseignera à la jeunesse française, et l'éloquence, et la philosophie, et le droit humain, et le droit divin ; il n'y aura dans les campagnes d'autres instituteurs, il n'y aura dans les villes d'autres professeurs que ceux qui auront puisé dans ses écoles *normales* et sa doctrine et sa religion !

Une éloquence de l'État ! une rhétorique de l'État ! une philosophie de l'État !... Je ne descendrai pas, Messieurs, du ton de gravité qui convient à une discussion sérieuse, pour suivre ces paradoxales prétentions, de conséquence en conséquence, jusqu'au ridicule où elles vont tomber. Nous verrions certainement revenir, si le pouvoir se mettait de la partie, le temps où un honnête homme était exilé pour ne pas avoir

juré sur Aristote. Je vous ferai seulement remarquer les risques que courraient et la science,
et les arts, et tous les objets des investigations
de la pensée humaine, si la noble et antique ré-
publique des lettres venait à succomber sous les
faisceaux de cette nouvelle puissance dictato-
riale. Il n'y aurait plus nulle part ni perfectionnement, ni amélioration, ni progrès possible ;
la servitude s'assied et s'accroupit sur ses fers ;
c'est la liberté seule qui sait marcher en avant ;
la liberté de la presse survivrait sans doute peu
de temps à la liberté éteinte de l'éducation de
la pensée, et la religion elle-même subirait le
joug d'une dangereuse dépendance.

Oui, la religion ! car c'est aussi de la religion
que l'État deviendrait le seul éducateur. Nous
aurions une éducation de l'État. Or, une éducation de l'État suppose nécessairement ou une
éducation sans religion ou un État qui a une religion. Choisissez, pères de famille, et vous tous
Français ! voulez-vous une éducation sans reli-

gion? Pères, vos enfans vous sont trop chers et vous savez trop bien tout ce que la religion apporte de sécurité et de consolation dans la vie ; non, non, vous ne voulez pas une éducation sans religion. Voulez-vous une religion de l'État? Français, vous savez bien que l'État, dans un pays libre, ne peut adopter exclusivement aucune religion; car, dès l'instant que le pouvoir aurait une religion avouée, il n'y aurait que des alarmes à renouveler chaque jour pour la liberté de religion. Il est écrit dans votre charte qu'il n'y a point en France de religion de l'État, et avant toutes choses, vous voulez, pour vos enfans et pour vous, la liberté de religion.

Comment donc va s'ingénier le pouvoir pour constituer une éducation de l'État? La difficulté est des plus graves, Messieurs, et ce n'est point la première fois qu'elle est discutée. Dès l'origine de nos institutions actuelles d'instruction publique, un législateur ayant remarqué que, parmi les fonctionnaires appelés par la loi à composer le personnel d'un établissement de l'État, il n'était fait mention d'aucun ministre de la religion, réclama contre une omission qui lui paraissait très défavorable à ces établisse-mens. Son amendement, soutenu par un dis-cours, où la solidité du raisonnement ne le cédait pas à la grâce du style, fut néan-moins rejeté. Les orateurs qui le combattirent, tout en reconnaissant l'importance de la reli-gion et le respect qui lui est dû, ramenèrent victorieusement la conséquence à son principe. Il fut reconnu que l'État ne favorisant pas plus une religion qu'une autre et n'en professant aucune, les établissemens de l'État ne devaient admettre constitutivement aucun fonctionnaire qui représentât une religion plutôt qu'une autre, aucun ministre d'aucune religion ; et, quelque malheureuse que fût à ses yeux cette conclusion, le promoteur lui-même de l'amendement avait pressenti qu'une exacte logique devait iné-vitablement l'amener, car il avait terminé son discours par ces remarquables paroles :

« L'embarras que j'éprouve sur ce qu'il fau-
« drait faire m'inspire quelque honte d'avoir
« hasardé ces réflexions sur ce qui a été
« fait (1). »

En effet, Messieurs, et pour rendre la vérité palpable, ne craignons point de descendre
dans ce détail de choses pratiques, qui la met
sous les yeux et pour ainsi dire entre les
mains. Un père qui veut faire élever un enfant
a d'abord vu que les principes de morale ne reposent et ne peuvent avoir de base fixe que sur
les croyances religieuses. Il doit donc chercher
des garanties pour l'enseignement et l'insertion,
si j'ose ainsi parler, de la religion dans le cœur
de son fils. Il va donc à l'homme d'état devenu
éducateur, et tout naturellement il lui demande
quelle est votre religion et dans quelle croyance
éleverez-vous mon fils. Or, Messieurs, ne per-

(1) Daru, au Tribunat, 8 floréal an x.

dez point de vue que cet éducateur, représentant et agent de l'État, ne peut avoir adopté exclusivement, dans son plan d'éducation, pas plus que l'État, aucune religion. Que répondra-t-il donc au père de famille? Figurez-vous l'embarras de l'un et de l'autre. Dira-t-il que sa religion est celle de la majorité? Mais ce père de famille est de ceux qui n'adorent point Dieu avec la majorité. Dira-t-il, cet éducateur de l'État, qu'il n'a pas, à la vérité, une éducation exclusive, mais qu'il tient aux dogmes communs à toutes les religions, et que du reste la morale est la même pour tous; mais cela revient à professer l'inutilité de la religion, et cette opinion est directement opposée à la conviction de ce père, qui ne voit de solide fondement à la morale que dans des principes religieux nettement déterminés. Se sauvera-t-on de l'embarras en statuant que dans les maisons d'éducation de l'État, comme dans la société, chaque élève suivra la religion dans laquelle il est né et qu'il y sera instruit par ses propres

docteurs? Mais voici un père qui, par désaffection, par obstination dans l'erreur, ne veut
pour son fils de religion d'aucune espèce ; il a
tort sans doute, et cependant, s'il n'a d'autre
moyen de faire élever son fils que dans les maisons de l'État, sera-t-il plus libre en France que
ne l'étaient à Rome ces Juifs, qu'on n'y tolérait
qu'à la condition qu'ils assisteraient chaque di-
manche, avec leur famille, à une prédication
apologétique du christianisme?... Mais laissons
ce cas, si rare et si monstrueux, qu'il ne mérite
point les égards du législateur.

Le dernier accommodement est de nature
à être goûté par quelques hommes superficiels,
qui ne voient dans la religion qu'une bienséance de morale publique. Mais tous les hommes à fortes convictions religieuses, mais seulement les hommes qui pensent, et quand il
s'agit de leurs enfans il est peu de pères qui ne
se mettent à penser, que verront-ils dans ce
sage milieu? Les catholiques y retrouveront-ils

leur dogme fondamental ? Pour eux, en matière de religion, et pour tous ceux qui savent raisonner, la vérité est une, ou il n'y a point de vérité. Ils savent que les enfans ont une logique rigoureuse ; comment leur persuadera-t-on que leurs enfans pourront parvenir à se faire quelque ferme croyance quand ils auront passé dix années entre deux hommes, dont l'un sera député auprès d'eux pour leur affirmer que le Christ est le fils de Dieu, tandis que l'autre sera envoyé à leurs condisciples, avec l'approbation de leur maître, pour leur enseigner que le Christ n'est pas le fils de Dieu ? Comment ces pères de famille qui raisonnent la religion pourront-ils espérer que leurs enfans s'attacheront à des pratiques, presque toujours peu comprises, souvent gênantes, quelquefois pénibles pour eux, quand ils auront dix ans entendu leurs amis et les complices de leur petit libertinage se féliciter et s'applaudir d'être affranchis de ces entraves, par le bénéfice même d'une religion plus facile ? Il ne faut point se le dissimuler ; la religion, qui est pour l'homme une si douce consolation, un port si tranquille après la tempête, n'est pour la plupart des enfans qu'un frein et un ennui. La foi ne leur est pas innée. A quoi un enfant croit-il quand il vient au monde? c'est la parole de sa mère, c'est l'autorité de son père, c'est la répétition et l'unanimité des témoignages dont on l'entoure qui forment en lui, avec les influences surnaturelles dont ces moyens sont le véhicule, ces convictions profondes, ineffaçables, que nous appelons la foi, base essentielle, principe fondamental de toute morale. Mais quand un élève aura été entouré, pendant tout le temps de son éducation, de gens qui lui auront dit chaque jour, sur un même point, cela est vrai et cela n'est point vrai; quand ce langage aura été répété à ses oreilles licitement au su et de l'aveu de son éducateur, confirmé par l'exemple de ses condisciples, et (rien ne peut s'y opposer) quelquefois de ses maîtres, par quelles bonnes raisons pouvez-vous rassurer des pères de famille attachés à leurs croyances et désireux de les transmettre à leurs enfans ?... Il pourra y avoir dans les écoles discussion, émulation entre les cultes dissidens, et par là, pour quelques uns, esprit de parti, entêtement ; mais la plupart tireront pour conséquence de l'indifférence spéculative, l'indifférence pratique, et dans aucun de ces terrains mobiles, sans cesse remués, la foi n'aura pris d'assez profondes racines pour tenir ferme, toute la jeunesse, contre les orages des passions. N'est-ce pas effrayant ? Et le clergé catholique, s'il fait son devoir, et il le fera, pensez-vous qu'à la vue d'un si grand péril il ne jette point le cri d'alarme ? Alors comment seront accueillis par l'esprit public et votre moyen terme de conciliation impossible et votre inévitable éducation de l'État ? Il est encore en France, Dieu merci, une population nombreuse et compacte pour qui la religion n'est pas un vain mot, où la voix du prêtre, quand il ne sort point du sanctuaire, est encore aussi puissante que le Dieu qu'on y adore. L'expérience, la raison, le bon sens, disent à tous que la religion, mais une religion prise au sérieux, dans l'éducation, est désormais le seul rempart des mœurs, de la probité, que dis-je, de la liberté, de la sécurité, pour l'État et pour la famille. Les pères, les mères surtout, qui forment enfin dans notre société un groupe si respectable, si cher à tous, si digne des égards de tous; les mères que la divine Providence a douées, pour le bonheur et la conservation du genre humain, d'un cœur si tendre, si pieux, si dévoué à la religion; les mères qui, par éducation et par bienséance, si ce n'était point par affection, devraient invoquer le ciel et la terre pour qu'ils deviennent au moins des hommes religieux, ces enfans qui, sans la religion, auraient un jour tant à maudire le sein qui les a portés : eh bien! les mères, et les pères aussi, qui cèdent toujours à la fin aux puissantes influences des vifs sentimens de leurs compagnes, à quelle inquiétude, à quelles angoisses ne seraient-ils pas en proie, lorsque voyant d'un côté l'insuffisance d'une éducation qui n'engendre point la foi, qui ne garantit pas les mœurs, qui n'oppose aux passions aucune solide barrière, tout refuge, tout autre asile, tout espoir de salut pour leurs si chers enfans leur seraient impitoyablement refusés par une loi émanée d'un irréfragable pouvoir? La servitude a-t-elle jamais vu ses chaînes se resserrer avec tant de cruauté?..... O femmes! voici donc venir encore des jours désastreux, où vous aurez à maudire l'heure qui vous a rendues mères. A la joie de voir vos enfans croître et grandir autour de vous, de désolantes inquiétudes vont encore mêler bien des larmes. Ce n'est plus au fer de l'ennemi que vous les verrez destinés en naissant, et aucune auréole de gloire ne viendra briller à vos yeux parmi les sombres ténèbres des cyprès de la mort. C'est la hideuse impiété, c'est la honteuse débauche, car tout paraîtra possible à votre tendresse justement alarmée ; ce sont tous les vices que vous verrez, avec leur infernal cortége, se dresser devant le berceau de vos enfans et se poser là, devant vous et devant eux , comme un destin inévitable. Déjà ces monstres tendront les bras vers eux , dès que les premières saillies de l'esprit viendront embellir le sourire de leur innocence ; ils les appelleront et vous verront forcées à les livrer de vos propres mains. Bientôt leurs perfides caresses feront oublier et mépriser les vôtres ; ils infecteront de leurs poisons tout le sang que ces enfans ont reçu de vous, et quand ils les auront bien pervertis , bien dégradés et dénaturés , ils vous les rendront enfin , ils les rejetteront sur votre sein comme un cancer pour le ronger jusqu'à votre dernière heure.

Car enfin , si en repoussant le père et la mère ; si en les déclarant par son décret incapables et interdits , pour ce qui est d'élever leurs enfans ; si en se constituant tuteur et des enfans et des pères , l'État se rendait comptable de sa gestion de tutelle et prenait sur lui la responsabilité de tout événement. Loin de là. Quand l'éducation n'aura pas eu le succès attendu (et qui peut en une traversée si fréquente en écueils et en naufrages promettre à un seul de le conduire sûrement au port) ; quand les plus belles années de la vie se seront écoulées et perdues dans une stérile oisiveté ; quand la maturité hâtive d'un vice précoce aura désigné à la fatale faux une tête où n'a pas encore fleuri le printemps de la vie ; quand, au lieu d'un fils qu'ils attendaient, on rapportera au père malheureux, à la mère désolée, un corps sans vie, ramassé sur l'arène sanglante ; quand la renommée, annonçant au monde quelque crime nouveau, jettera tout-à-coup dans la boue un nom jusqu'à ce jour irréprochable et brillant d'honneur ; sur qui, dites-moi, le malheur viendra-t-il tomber ? A qui les gémissemens ? à qui la honte ? à qui les larmes ? Est-ce à vous, hommes d'État, qui ne saurez même jamais le mal que vous aurez fait ? C'est pourtant à vous que ce père malheureux aurait droit de s'en prendre ; c'est vous que sa douleur devrait inculper. Écoutez-le. Une mauvaise éducation, vous dira-t-il, a porté ses fruits. Ah ! si j'avais été libre, si j'avais pu faire mon choix, aujourd'hui je ne pourrais accuser de mon malheur que moi-même ; je me reprocherais une confiance trop aveugle ; peut-être de la négligence ou de la précipitation ; mais, hélas ! ce choix, je n'ai pu le faire ; vous m'avez dit que je ne saurais pas le faire ; vous avez fermé toutes les écoles pour me forcer à aller dans les vôtres. C'est donc sur vous que je dois avoir recours ; c'est vous qui me devez répondre et dédommager de mes malheurs. Vous m'avez ravi mon fils ; vous l'a-vez arraché tout jeune encore à sa mère qui pleurait, qui pleurait beaucoup, car le cœur d'une mère a souvent, hélas! des pressentimens qui ne la trompent pas. Rendez-moi donc cet enfant ; rendez-moi mon honneur flétri ; resti-tuez-moi ma fortune dissipée. Faites revivre ce fils que je pleure et que votre éducation a fait périr.....

Législateurs, qui allez bientôt vous avancer

vers l'urne où tombera de vos doigts le sort des générations, arrêtez-vous ici et voyez; pensez à ce que vous auriez à dire, pensez à ce que vous répondriez dans dix ans à tant de pères de famille, à vos compatriotes, à vos amis, à ceux qui viennent de vous investir aujourd'hui de leur confiance, et qui viendraient alors vous assiéger de ces réclamations terribles. Ah! puisque vous ne pouvez répondre de rien, laissez faire et ne vous chargez de rien. Une main sur la tête de leurs enfans, et tenant haut de l'autre le pacte constitutif, de tous les points de la France, tous ceux qui sentent battre dans leur poitrine un cœur de père, ont les yeux fixés sur vous. Faites droit à la nature, vous crient-ils, faites droit à la constitution. Écoutez-les. Aujourd'hui ils sont encore supplians, demain ils peuvent devenir menaçans. Vous sortirez bientôt de ce sanctuaire où la loi vous environne d'une égide inviolable, et vous reviendrez vous asseoir au milieu de nous, à côté de vos pairs. Ah! que les reproches de leurs regards

n'aillent point importuner votre conscience :
n'attirez point sur votre tête la malédiction de
la vieillesse désespérée ; ne faites point mur-
murer autour de votre couche la voix du sang
qui n'a jamais endormi personne d'un sommeil
tranquille ; craignez de rencontrer sur votre
sentier les ossemens du fils ou les larmes de la
mère.

Raison d'État considérée dans le fait ; préventions contre le clergé.

Vaines réclamations ! inutiles discours ! Le
flambeau de la vérité brillerait à tous les yeux,
les plus pathétiques sentimens attendriraient
tous les cœurs, qu'est-ce que la raison, qu'est-
ce que la pitié contre la crainte ? Vous avez
porté la vérité jusqu'à l'évidence ; votre droit,
vous l'avez rendu incontestable. C'est en vain ;
l'on ne verra rien, l'on n'entendra rien, si la
crainte offusque les yeux et bouche les oreilles.

Qu'est-ce donc, Messieurs, et qu'y a-t-il ici tant à redouter? Moi qui passe ma vie avec des enfans, j'en ai vu quelquefois qui avaient peur là où il n'y avait pourtant rien à craindre. Pour les rassurer, pour les aguerrir, je les fais approcher du fantôme, jusqu'à ce qu'ils le touchent, jusqu'à ce qu'ils aient honte d'avoir eu peur. Voyons donc, nous aussi? Ne serions-nous pas comme des enfans qui craignent sans trop savoir ce qu'ils ont à craindre? De quoi s'agit-il? La liberté de l'enseignement, réclamée par tant de droits, de quel nouveau malheur menace-t-elle la patrie? Toutes les nations de l'Europe vont-elles se liguer contre nous, menaçantes et armées des foudres de la guerre? Le frein va-t-il être lâché à tous les malfaiteurs, à tous les conspirateurs, à tous ceux qui troublent le repos public? Nos fortunes, nos propriétés sont-elles compromises, ou notre commerce ou les fonds de l'État? Allume-t-on dans l'ombre des torches pour incendier nos maisons et nos champs? Rien de tout cela assurément.

Mais écoutez. Si l'on accorde la liberté de l'enseignement et de l'éducation, aussitôt de pauvres prêtres, qui sont là, guettant leur proie au travers des jours et des nuits, vont se jeter, dans la poussière des écoles, pour se dévouer, corps et âme, à toutes les misères de l'enfance. N'est-ce pas cela?

Oh! oui, c'est bien cela. D'autres inconvéniens pourraient être prévus et allégués; plusieurs ont été signalés; la multiplicité des institutions; le talent modeste et la bonne foi des parens jetés, comme des proies certaines, au charlatanisme cupide et astucieux; le relâchement de la discipline, la décadence des études, voilà des dangers réels, contre lesquels le législateur doit se tenir prévenu. Mais rien de ce qu'on a dit (et l'on n'a rien dit sur ce point qui ne puisse être facilement réfuté), rien n'a paru faire plus d'impression sur certains hommes, au milieu même de cette élite de nos concitoyens, que nous voudrions voir toujours, pour leur honneur et pour le nôtre, si grave, si éclairée, si inaccessible aux préjugés, aux petites passions, aux aveugles ressentimens, à tout ce qui égare le vulgaire; rien ne préoccupe les esprits, toutes les fois que se présente la question de l'enseignement, comme la menace de l'influence du prêtre et de l'empiétement du clergé.

Ne permettons pas, Messieurs, par un inexcusable silence, que de si dangereuses préventions s'accréditent et se fortifient; nous qui savons la vérité, parce que nous la voyons dans notre conscience, ne la retenons point captive, mais hâtons-nous de la mettre au grand jour. Assez souvent, et trop long-temps, on a abusé la multitude par des mots odieux, ou mal appliqués ou mal compris. Influence du prêtre dans l'enseignement, empiétement du clergé sur les écoles! Voyons, touchons, analysons; suivez-moi; je ne crains pas d'assurer qu'il n'y a là que des fantômes.

★

Pour les enfans, pour des enfans, on redoute l'influence et le dévouement du prêtre ! Le divin Maître, ce Sauveur du monde, dont tant de peuples ont reçu les enseignemens avec reconnaissance et avec respect, comme la parole du Père céleste, du père de tous, Jésus a dit : Laissez venir à moi les enfans ; et voilà qu'au sein d'une nation civilisée par le christianisme on jetterait le cri d'alarme, parce que les ministres du Christ, les continuateurs de sa mission bienfaisante, appelleraient à eux les enfans..... Assurément il y a là une étrange méprise et quelque funeste erreur !

Je ne veux point essayer de vous persuader, Messieurs, que le prêtre n'ait chez nous aucune influence. Au contraire, cette influence je la reconnais, je la crois immense et irrésistible pour les masses, parce qu'elle tire sa force des deux principes entre lesquels se balance éternellement l'humanité, savoir la grandeur de Dieu et la faiblesse de l'homme. Pour détruire l'influence du prêtre, il faudrait commencer par bannir de cet univers celui par qui seul l'univers subsiste, et rendre ensuite les enfans d'Adam invulnérables au malheur pour lequel ils sont nés. Mais tant que la douleur ou l'infortune, levant les yeux au ciel, en verront descendre un rayon d'espérance, le prêtre sera toujours l'homme nécessaire à l'homme. On le dépouillera, on le vilipendera, on chargera de fers ses mains sacrées, on le clouerait sur une croix qu'il n'en serait que plus grand et plus puissant, parce que sa puissance et sa grandeur ne consistent point à être roi, ou ministre, ou magistrat, mais uniquement à être le prêtre du Christ, l'homme des souffrances et l'homme de Dieu. Il ne doit point craindre d'être assujéti au sceptre et de courber la tête sous le glaive ; même en obéissant, il commandera ; en se faisant humblement le serviteur de tous, il deviendra glorieusement le maître de tous, parce

que sur son front renversé , tous viendront lire,
à mesure que le sort les jettera aussi parmi les
ruines , l'adorable nom devant lequel les cieux
s'ouvrent et s'inclinent pour rémunérer la vertu
et consoler la douleur.

Il me paraît donc impossible de contester
que les prêtres puissent acquérir un haut degré
d'influence sur le peuple; mais ce qui me paraît
facilement contestable et ce que je voudrais
victorieusement réfuter , c'est que cette influence puisse être nuisible, par le temps qui
court, sous le régime où nous vivons, au point
qu'il faille la craindre et y soustraire, par la
violation de tous les droits , l'âge le plus faible,
le plus nécessiteux, les enfans!

L'influence du prêtre, dévoué à l'éducation
publique, peut atteindre à trois intérêts du premier ordre : les lumières , les mœurs et le
gouvernement. Auquel de ces intérêts peut-elle
être si funeste et si redoutable?

Dira-t-on les lumières? Mais n'est-ce pas un fait constaté depuis long-temps par tous les scrutateurs de l'antiquité, par les publicistes les plus profonds, par les visiteurs des ruines de l'Asie et des déserts de l'Amérique, que partout sur les pas des apôtres et des missionnaires du christianisme, les ténèbres de la barbarie se sont dissipées, les arts ont commencé à fleurir, et la carrière des sciences a été ouverte. Le reproche banal d'obscurantisme, que certains hommes affectent encore aujourd'hui, malgré tant de témoignages, à jeter au clergé, ne peut avoir cours, Dieu merci, que dans quelques groupes d'arriérés d'une province reculée, parmi quelques rares jeunes gens, qui ne cherchent dans le sérieux que le reflet du ridicule, ou dont la science se renferme dans les feuilles si mensongères d'un journalisme haineux et décrépit.

Dira-t-on les mœurs? Oh! Messieurs, l'influence du clergé serait funeste aux mœurs de l'enfance ! et l'influence du clergé d'aujourd'hui, de ce clergé français, le plus pur, le plus régulier, le plus exact observateur de la loi sainte, qui ait attesté à la terre, par ses exemples, la sainteté de l'Évangile, depuis les beaux siècles de l'Église persécutée ! Et qu'est-ce donc que les prêtres apprendront à vos enfans, pères de famille, en leur montrant l'image de cet aimable Dieu, devenu, pour les instruire, enfant comme eux, mais modeste, docile, soumis à ses parens, chaste jusqu'à la virginité ? Qui de vous craindra d'avoir un fils formé à cette école ? N'est-ce pas au contraire chaque jour la plainte et la douleur des familles que l'indocilité de l'enfance, et la pâleur que le plus hideux des vices imprime, comme un masque, sur un front déjà flétri, où devraient fleurir encore les roses et les lis de l'innocence ? Qu'est-ce donc qui vous amène en foule, avec vos chers enfans, dans toute école qui s'ouvre avec une croix au-dessus de la porte, si ce n'est que là, sous ce signe qui proscrit tout vice, et qui commande

toute vertu , vous êtes assuré de trouver une
sollicitude attentive et délicate pour leur éducation religieuse et la conservation de leurs
mœurs !

Nous arrivons donc bien intacts à l'influence
du prêtre sur le gouvernement par l'affection
ou la désaffection qu'il peut inspirer aux générations nouvelles.

D'abord n'y aurait-il pas ici plus de réminis-
cence des temps passés que d'observation judi-
cieuse du temps présent? Aujourd'hui, en présence de cette puissance colossale qui domine
tout pouvoir humain, la faculté que chaque
homme trouve dans la presse de communiquer
sa pensée à tous les hommes avec la liberté,
avec la rapidité de la pensée elle-même ; aujourd'hui on redouterait que le prêtre recon-
quît son ancienne influence politique ! Quelle
aberration !... Que dans le temps où le prêtre
seul parlait aux masses et les haranguait sans

contradicteur du haut de sa chaire, qu'il dressait partout, dans les villes, dans les campagnes, dans les camps et dans les écoles, que dans ce temps son influence morale ait pris un caractère politique, cela s'explique et se conçoit aisément. Mais aujourd'hui que, contre une chaire presque abandonnée et sans auditeurs, peut s'élever dans chaque hameau, au coin de chaque foyer, une tribune où vous, où votre adversaire, où tout homme qui pense tant bien que mal, pouvez à loisir donner un éveil, ouvrir un avis, publier un fait, dénoncer un abus, signaler une erreur, révéler une vérité; aujourd'hui, encore une fois, de telles craintes, Messieurs, ne sont-elles pas aussi chimériques que celles qui nous accusent les dangers de la science ou des mœurs?

Autant le prêtre est puissant quand il se renferme dans l'ordre de ses augustes fonctions, autant il est faible, désarmé, digne d'un profond dédain, quand, oublieux des limites qu'une

main divine lui a tracécs, il s'ingère au gouvernement des choses d'ici-bas , lui serviteur de ce
roi dont le royaume n'est pas de ce monde. A
l'instant, la confiance l'abandonne , et toute la
considération dont il méritait d'être entouré,
se change , par un juste jugement de la multitude, en mépris et en aversion. Alors il est li-
vré sans défense à ses ennemis : car il a d'im-
placables ennemis le prêtre. Tous ceux dont la
conscience est oppressée sous le poids d'un
crime ancien et secret ; tous ceux qui méditent
un crime nouveau ; tous ceux dont les passions
ont flétri le cœur et perverti l'esprit ; tous ,
levant le bras au premier cri du pouvoir qui
surprendrait le prêtre hors du sanctuaire, s'em-
presseraient à qui frapperait le premier l'ennemi commun , comme si d'un seul coup ils
allaient tuer tous leurs remords.

Mais les enfans ; il s'agit des enfans et d'insi-
nuer de bonne heure dans leur cœur l'estime

de nos institutions et l'amour du souverain. Les prêtres le feront-ils ?

Hommes d'État, ne vous flattez point de vaines illusions : vos agens le feront-ils mieux ?

Rien n'est de sa nature plus indépendant qu'un homme de lettres. L'administrateur de la chose matérielle servira fidèlement le pouvoir, parce que son action est indépendante de son opinion. Mais dans un pays où la liberté de penser est consacrée comme un droit, faire à un homme, et à un homme lettré , un devoir d'embrasser et de préconiser et de propager une opinion qui n'est point la sienne, c'est étrangement méconnaître les conditions sous lesquelles se forme l'empire des idées et le charme des affections ! Non ; le culte du peuple pour le souverain est passé sans retour : le pouvoir pour se faire aimer et respecter n'a plus qu'un moyen, c'est de bien faire ; c'est surtout de confier les ressorts de son action à des hommes probes, justes, bienfaisans, laborieux, tels que les fait une bonne éducation, celle où le christianisme domine.

Eh bien ! soit ; oui le clergé peut agir puissamment sur les générations nouvelles pour leur inspirer des sentimens de haine et d'amour ; j'en conviens un instant, je le suppose avec ceux qui se désabusent le plus difficilement d'idées profondes et invétérées. Je vous accorde que le clergé peut à son gré affermir les gouvernemens ou préparer leur ruine. Combien donc ils sont imprudens ceux qui l'irritent ; que dis-je ? ceux qui le poussent au désespoir. Savez-vous, Messieurs, ce que le clergé pense sur la liberté de l'enseignement ? J'oserai bien me faire ici l'interprète de ce respectable corps qui vit tout entier dans chacun de ses membres, et si l'un d'eux, par hasard, me désavouait, on n'en trouverait pas dix pour signer ce désaveu. Le clergé pense que s'il est exclu des écoles ; si

l'éducation de l'enfance et de la jeunesse chrétienne ne peut nulle part se faire par ses soins ;
si la génération qui va s'élever ne peut recevoir
de lui l'enseignement de la religion, depuis la
lettre qui révèle le dogme, jusqu'à la preuve
philosophique qui l'explique et qui le met en
harmonie avec la raison ; alors, il faut éteindre
la lampe du sanctuaire et jeter sur l'autel même
le drap des funérailles, car c'en est fait de la
religion. Ici périssent pour nous, enchaînées
dans une déplorable servitude, toutes les espé-
rances d'un avenir meilleur que le passé. L'É-
glise, la mère éplorée de tant d'enfans perdus,
se pliera dans ses voiles de deuil, et appellera
ses prêtres à pleurer, à gémir, à prier avec elle.
A prier, car la prière, c'est la seule arme que
la religion permette au prêtre ; à prier, mais
pour qui, mais à quelle fin ? pour la prospérité
de l'État, pour la stabilité de ses institutions,
pour l'affermissement du pouvoir ? Mais quoi !
ne serait-ce pas ce pouvoir qui, au mépris des
institutions même, compromettrait le salut de

la religion ? Y aurait-il un autre espoir pour la religion qu'un coup du ciel qui la délivrât, en foudroyant la main qui l'enchaîne et qui l'opprime?

Ah ! si vous voulez l'affection et le concours du prêtre, ne le blessez pas à la prunelle de l'œil ! En vain vous décoreriez les temples avec une magnificence inconnue aux siècles les plus religieux ; en vain d'une main généreuse vous répandriez l'aisance autour du presbytère ; vous prodigueriez en vain au prêtre votre or et vos honneurs ; ah ! connaissez-le mieux et vous le traiterez plus dignement ; ce ne sont pas des édifices somptueux que le prêtre vous demande ; ce n'est point de l'or qu'il ambitionne, ni des titres, ni des honneurs, vanités des vanités du monde, que le Christ réprouve de ses anathèmes ! Périssent plutôt et vos pierres, et vos dignités, et vos trésors, avec tous les indignes qui asserviraient à ce prix leur conscience et leur zèle ! Laissez-nous plutôt sans asile, errans comme nos pères et réfugiés dans les antres et sous le chaume ; laissez-nous partager avec l'indigence le pain de l'aumône ; mais ne nous enlevez pas ces âmes chéries, les âmes de ces petits que Jésus nous envoie, dont *les anges voient toujours au ciel la face de Dieu ;* ces enfans, cette jeunesse chrétienne où repose notre consolation et notre espoir, parce que la rosée de la parole céleste ne tombe jamais en vain dans un cœur pur, et parce que ceux-là *seront les plus grands au royaume de Dieu qui leur auront enseigné la sagesse de l'Évangile.*

Ainsi, hommes politiques qui craignez le prêtre, faites votre choix ; si vous reconnaissez avec nous que l'influence du prêtre sur la science et sur les mœurs publiques ne peut être qu'heureuse et désirable ; que l'influence du prêtre sur le gouvernement ne peut être aujourd'hui que nulle et, de sa part, imprudente ; si vous admettez ces faits que je crois bien constatés, vous n'avez plus aucune raison de lui interdire l'éducation, et vos craintes à cet égard seraient chimériques. Si, au contraire, ou sous d'autres rapports, vous demeuriez persuadés que le prêtre peut exercer une grande influence sur le gouvernement, selon qu'il ne l'aime pas ou qu'il l'affectionne, ne mettez point le clergé tout entier dans une telle position, qu'il ne voie plus de salut pour la religion et pour lui-même que dans votre ruine.

⁕⁕

Mais voici bien un autre cri d'alarme ; c'est celui de l'empiétement. Vous y attendiez-vous, Messieurs ? Il s'agit d'éducation, il s'agit essentiellement de religion et de morale : nous sommes bien certainement dans le domaine de la société religieuse ; le prêtre, l'homme de la société religieuse, le ministre de la société religieuse, fait son devoir, il s'avance ; et voilà que du côté de la société civile on lui crie : Halte-là, tu vas usurper sur nos droits, tu empiètes sur nos limites ! Eh ! où en sommes-nous, grand Dieu ! quelle méprise, quel inconcevable oubli des principes et des fondemens d'une société libéralement constituée !

D'où peut venir une si étrange aberration ? Vous allez le savoir et en découvrir la cause. A une époque dont nous sommes peu éloignés, un homme d'état d'une haute portée nous l'a révélée sans détours, en rendant un compte à une assemblée de législateurs.

« La création du corps universitaire, a-t-il
« dit, avait pour but de détruire dans l'instruc-
« tion l'influence du clergé sur la jeunesse, et
« ce grand corps a parfaitement rempli son
« but (1). »

L'avez-vous bien entendu, Messieurs ; le

(1) Je suis bien sûr que ces paroles ont été prononcées dans l'une des sessions de 1830 à 1832. Je ne puis dire par qui. J'ai pris note du fait, non de l'auteur ; à qui ne poursuit que l'erreur, peu importe les personnes.

*corps universitaire a été créé pour détruire l'in-
fluence du clergé sur la jeunesse, et ce but a été
parfaitement rempli.*

Aucune réclamation ne s'éleva ; pas une seule
voix dans l'assemblée ne se fit entendre pour
contester le fait ou pour le nier. Je ne veux
pas en conclure que tous étaient fauteurs d'un
aveu que les générations à venir regarderont,
je l'espère., comme une odieuse incrimination ;
mais ceux qui n'approuvaient pas et qui ne disaient pas, *c'est bien,* ceux-là, hommes de sens,
le plus grand nombre sans doute, baissaient la
tête et ils disaient tout bas, *c'est vrai !*

Or sus, grands hommes, dont le puissant
génie, dont les immenses travaux, dissipant
les ténèbres de la barbarie, ont fait jaillir de la
France cette lumière qui éclaire aujourd'hui
le monde ! Magnanime Charles, dont nous
voyons le front auguste, à travers dix siècles,
plus glorieux encore de l'olivier de la science

que des lauriers de la victoire et du diadème des
Césars! Savant Alcuin, que le maître de l'Oc-
cident appela son maître; laborieux Cham-
peaux, qui rendis à nos écoles leur éclat un
instant éclipsé; Pierre Lombard, grave docteur
dont les sentences furent si long-temps pour
nos pères d'irréfragables préceptes; Albert,
qui dus à ton savoir un surnom qu'ont vainement ambitionné bien des monarques; Tho-
mas, Bonaventure, hommes divins, qui sûtes
si bien allier la science à la vertu; et toi aussi
Guillaume de Saint-Amour, docteur intrépide
que n'eût pas ému la chute du monde; pieux et
docte Gerson, mystérieux auteur du plus beau
livre qui soit parti de la main des hommes;
sage Rollin, avec tes dignes disciples, Lebeau
et Crevier, émules de tes travaux, continuateurs de tes œuvres; magistrats vénérés, pré-
lats illustres, souverains pontifes, qui vous êtes
tant honoré des leçons de vos maîtres; immense foule de savans et d'hommes de bien que
nous voyons se presser et se succéder sans inter-

ruption, dès les premiers siècles de la monar-
chie, de générations en générations, dans cette
université de Paris, la lumière de l'Église, la
colonne du christianisme, la génératrice de
toutes les illustrations de la France ; oh ! si cette
parole que nous avons entendue eût pénétré
sous la pierre de vos sépulcres ; si l'oreille qui
dort au fond de la tombe était encore sensible
an vain bruit de nos discours, vénérables maîtres, à ces traits auriez-vous bien reconnu et
vos œuvres, et vos institutions, et le corps il-
lustre qui vous a été si cher..... L'indignation
eût ranimé vos cendres éteintes ; vous eussiez
crié au Tout-Puissant de vous laisser rentrer un
instant dans la vie, et, vous dressant sur votre
poussière, vous seriez venus tous ensemble pro-
tester devant cette tribune.

Vous auriez pu réclamer, vous du moins,
hommes honorables (car il faut être vrai et juste
avant tout), disciples sincères du Christ, amis
de sa religion, que ce même corps universitaire

compte encore aujourd'hui et montre avec or-
gueil dans ses rangs ; vous auriez dû réclamer,
vous surtout, prêtres généreux qui n'avez pas
craint l'exclamation du prophète, « *Beatus vir*
qui non abiit in concilio impiorum et in cathedrâ
pestilentiæ non sedit ; » mais qui vous êtes jeté au
contraire dans ces chaires de pestilence pour en
faire exhaler la saine doctrine ; dans ce corps
hostile au clergé pour y ramener de tous vos
efforts l'influence même du clergé, *au risque de*
n'y jamais parfaitement réussir.

L'Université, ce corps dont on invoque le
nom, à propos de l'éducation de la jeunesse, et
qui, dans le fait, pendant dix siècles, a été exclusivement chargé de l'enseignement en France,
après l'avoir lui-même créé ; l'Université n'a
bien été, dans son origine et de sa nature,
qu'une institution *cléricale*. Dès son berceau,
dès cette école, que du lieu de son siége on appela *palatine*, cette institution ne fut formée
que de *clercs*. Pendant dix siècles elle a conservé

ce religieux caractère, excluant également et les laïques qui auraient pu apporter dans ses écoles des habitudes et des pensées profanes, et les réguliers qui n'auraient prêté à ses lois qu'une obéissance partagée. Relevant du chef de l'Église par cette qualité de *clercs*, c'était de la sanction du chef de l'Église que ses statuts tiraient leur force et leur stabilité. Ses députés étaient admis, appelés et écoutés dans les conciles. Attachée à la couronne qui la protégeait, elle n'eut jamais cependant d'autres protecteurs avoués que des princes de l'Église. Durant six siècles, ses membres, voués au célibat, revêtus du costume ecclésiastique, pourvus de bénéfices, jouissaient de tous les priviléges, de toutes les immunités que la loi du royaume accordait aux *clercs*. Tous ses colléges ont été fondés, comme des œuvres pies, pour ouvrir la carrière du sacerdoce à de pauvres écoliers, qui, en y entrant, devenaient *clercs*, et n'y étaient admis à aucun autre titre. L'Université, en un mot, n'a pu être long-temps considérée parmi nous, dans son institu-

tion, dans ses établissemens, dans ses régle-
mens, dans ses chefs et dans ses membres que
comme le clergé lui-même étudiant et enseignant.

Qu'est-ce donc qu'on prétend aujourd'hui,
Messieurs, et qu'est-ce qu'on nous révèle, en
nous déclarant que le *corps universitaire a été
créé pour détruire l'influence du clergé sur la
jeunesse*. Traduisons ; voici le sens :

« Le clergé, appelé par la religion à exercer
« une salutaire influence sur la jeunesse, était
« en possession, depuis dix siècles, *d'exercer
« cette influence*. Il agissait en ce sens par
« l'instruction, dans les écoles publiques et sous
« le nom d'Université. Cela nous a déplu. Nous
« avons pris, par le pouvoir que donne la force,
« nous hommes de l'État, ce nom *d'université*;
« nous avons chassé le clergé de ses chaires, et
« nous nous y sommes installés. »

Bien jusqu'ici ; l'influence du clergé sur la jeunesse a été, par le fait, à jamais détruite et rendue impossible ; encore mieux : mais qu'après cela, lorsque le prêtre viendra, se traînant sur les genoux, toucher du doigt à une de ces chaires, son antique patrimoine, on feigne de s'alarmer, on se lève, on s'écrie : C'est de l'envahissement, c'est une usurpation, c'est un empiétement du clergé ; oh ! la dérision est par trop amère ! Qu'on dise, à la bonne heure, comme le Gaulois, fier d'avoir abattu Rome au pied du Capitole, *malheur aux vaincus !* qu'on dise nous sommes les plus forts ; nous tenons le glaive, et la raison est au bout. Tout cela se conçoit et s'explique, tout cela est conséquent ; mais, au nom de tout ce qu'il y a de vrai et de juste dans les idées et dans les sentimens des hommes, qu'on n'accuse point le clergé d'empiéter, quand il aspire à l'éducation, puisque si évidemment, dans le droit, il devrait posséder et que bien certainement, par le fait, il possédait.

Le fait, le droit, ce sont des titres, sans aucun doute, et ces titres nous les voyons du côté du clergé ; d'un autre côté la raison d'état, nous l'avons démontré, n'est fondée ni dans le droit ni dans le fait, puisque dans le droit, l'État sortirait de la limite que lui prescrit la constitution ; puisque dans le fait, il n'y a point lieu, sur la menace d'un danger chimérique, à faire prévaloir la raison d'état sur le droit naturel des pères de famille. Il nous a fallu, Messieurs, pour faire bien entendre tout cela, sortir quelquefois peut-être du langage aride et serré d'une froide logique, mais la vérité n'en est pas moins au fond. La cause serait gagnée à la liberté de l'enseignement, si, pour donner gain de cause à une liberté, il suffisait d'avoir raison deux fois. Je vais cependant ajouter une troisième considération, pour achever de justifier ce que j'ai dit, que non-seulement elles sont vaines les craintes qu'on excite, mais qu'elles deviendraient funestes à la société comme à la religion. Je vais signaler un autre titre que le clergé pourrait faire valoir pour dissiper les préventions dont on l'entoure. Ce titre est celui que tant de familles ont déjà deviné et dont elles se sont convaincues par la comparaison et par l'expérience. C'est que l'homme du clergé, c'est que le prêtre est plus apte que tout autre instituteur à élever la jeunesse, je ne dis plus ici religieusement, mais même libéralement et paternellement, selon le vœu de la nation et de la famille.

★★★

Avez-vous médité, Messieurs, sous quelles conditions l'éducation, je ne dis pas l'enseignement, peut offrir les plus sûres garanties de succès? La réponse à cette question, vous le voyez, ne serait rien moins qu'un traité d'éducation complet : bornons-nous à deux aperçus, qui nous amèneront à la conclusion de ce discours.

On peut regarder comme un axiome, que *de*

tous les systèmes d'éducation celui-là aura le plus de succès qui donnera plus d'action à la liberté de l'élève et au dévouement du maître.

La liberté de l'élève. Il ne faut pas hésiter à le reconnaître, Messieurs ; on aura beau craindre et détester le mauvais usage que les hommes font de leur liberté, il sera toujours vrai que c'est aussi de la liberté que procède tout bien et tout vrai mérite. Ces enfans que vous élevez ne seront pas toujours dans votre main. A la fin de leur éducation, et même pendant le cours de leur éducation, ils se trouveront, un moment ou pour toujours, inaccessibles à votre surveillance. Vous ne serez point là pour les séparer de l'occasion du mal, par la barrière de votre volonté. Ils ne dépendront que d'eux-mêmes. Qu'aurez-vous donc gagné alors, pour la vertu, si vous n'êtes parvenus à ce point que par eux-mêmes et par un acte libre de leur volonté, ils se détournent courageusement du mal quand ils auront à la fois la faculté et l'occasion de le commettre ?

Non, l'éducation ne consiste pas, comme beaucoup le pensent, à tellement resserrer un enfant
qu'il ne puisse faire que ce qu'on veut, mais à
tellement le disposer qu'il ne veuille faire que
ce qu'il doit ; l'éducation peut être bien définie
l'art de rendre un homme incapable de faire un
mauvais usage de sa liberté.

Mais par quel moyen atteindre un but si désirable? Il n'y en a point d'autre, Messieurs,
que la pensée de Dieu, sa crainte et son amour.

Rien assurément n'est plus près de nous que
notre cœur, et rien peut-être ne nous est moins
connu. N'est-ce pas qu'en quelque moment du
jour et de la nuit que nous voulions y descendre,
nous y lisons, dans tous ses replis, cette pensée,
qu'il ne doit qu'à Dieu le sacrifice de sa liberté?
Or, cette intime pensée, qui fait le fond du
cœur humain, est la première leçon qu'un enfant reçoit de la nature ; *tu n'as qu'un maître*,
nous a-t-il été dit dans nos entrailles, avant que

nous ne l'eussions lu dans l'Évangile, *c'est Dieu* ; et tout pouvoir qui se présente à l'homme, même dans l'enfance, *sans Dieu* peut être accepté par nécessité, mais il n'enchaîne jamais par l'amour, et semblable à un ressort qui cède sous la main qui le comprime, le cœur tendra constamment à le repousser et à s'en affranchir.

Voici donc l'alternative inévitable et l'écueil contre lequel viendra échouer toute éducation qui ne sera point dominée par cette haute pensée de Dieu, nourrie et fortifiée des pratiques du culte, comme savent faire presque seuls les ministres de la religion : ou bien ne s'occupant que de l'instruction de l'élève, on l'abandonnera à ses penchans, on lui laissera suivre sans obstacle ses folles et inconstantes volontés ; ce qui revient, en d'autres termes, à ne point faire du tout son éducation ; ou bien, conformément aux règles universelles de l'éducation, on saisira toutes les facultés de cet enfant, pour les diriger et pour les former, et lui enlevant ainsi la libre disposition de lui-même, sans pouvoir y substituer (car il n'y en a point hors la religion) aucun motif qui le fasse consentir au sacrifice de sa liberté, on n'exerce plus sur lui qu'une surveillance importune, une contrainte pénible; et l'éducation, changée en un joug odieux et insupportable, ne produira qu'un résultat directement contraire à celui qu'on devait obtenir.

Oui, Messieurs, toute éducation dans laquelle ne prédomine point l'élément religieux, doit nécessairement aboutir à la haine de la dépendance et à une passion effrénée pour la liberté.

Figurez-vous en effet, Messieurs, des enfans, des jeunes gens, étroitement renfermés, comme l'exige la discipline d'un collége ; contenus habituellement dans un état forcé d'immobilité et de silence ; sevrés, hors le souvenir, de toutes les douceurs de la famille ; contraints à un travail, si souvent ingrat, par la crainte de la punition incessamment suspendue et menaçante ;

assujétis, dans toutes leurs actions, à une volonté étrangère, quelquefois bizarre, immo-
dérée, injuste. Voyez-les traverser dix longues
années dans cet état contre nature, qui est par
conséquent un état de souffrance réelle, et sans
que jamais on puisse leur dire autre chose pour
les consoler, sinon qu'il le faut ainsi, que c'est une
condition indispensable à la prospérité de leur
avenir, et avec tout cela, que ce temps est encore
le plus heureux temps de la vie! En vérité,
Messieurs, pourrez-vous concevoir que ces heureux êtres aient une autre pensée fixe que celle
de s'affranchir? qu'ils aient un sentiment plus
vif et plus profond que celui de la haine de tout
joug? qu'ils forment un vœu plus ardent que
le vœu de s'abandonner enfin sans obstacles à
tous les désirs, bons et mauvais, qu'ils ont pendant dix ans refoulés au fond de leur cœur et qui
s'y sont accumulés, comme les eaux derrière
une digue, comme des matières inflammables
dans le cratère d'un volcan?

On se plaint, Messieurs, on s'alarme, et avec raison, de l'esprit d'indépendance qui s'agite aujourd'hui, dans la jeunesse et même dans l'enfance, dès qu'à peine elle est dégagée des langes du berceau. On jusqu'à va dire sérieusement qu'apparemment cet esprit est dans l'air, et que les jeunes gens le respirent. Eh! non, il n'y a point ici de lutin, assurément, ni d'empoisonnement de l'atmosphère ; ce n'est pas dans l'air qu'il vit et qu'il circule cet esprit d'indépendance, dont nous sommes si justement effrayés. C'est premièrement dans les familles, depuis que le père n'y est plus l'image de Dieu ; c'est ensuite dans les écoles, depuis que l'éducation religieuse, injustement enlevée aux hommes de la religion, affaiblie, mal entendue, n'a été que partielle, incomplète, pour un petit nombre, nulle pour la plupart ; c'est surtout enfin, j'en appelle à l'histoire, depuis que la jeunesse a été soustraite aux influences du clergé.

Certes, il avait une autre dignité, le père, aux yeux de sa famille, dans les siècles chrétiens, quand il apprenait à ses enfans le nom de Dieu autrement que par les formules du blasphème. Il n'était pas seulement le chef par la supériorité du sexe, de la force, et par d'autres qualités que bientôt ses fils avaient acquises à un plus haut degré, mais il participait à la suprématie de Dieu; et voyez comment ce droit devait être compris et interprété lorsque, chaque soir, après s'être agenouillés avec lui devant leur *Père qui est au ciel*, ses enfans lui donnaient ce même nom qu'ils venaient d'adorer, en se jettant à ses pieds pour recevoir sa bénédiction! Ne sentez-vous pas, Messieurs, qu'avec de telles mœurs le père était transformé en un être presque divin? Aujourd'hui, vous cherchez vainement à regagner par l'amour ce que l'affaiblissement du respect vous a fait perdre. Comme les enfans n'aiment bien que ceux qui les flattent et qui servent leurs caprices, le besoin de vous faire aimer vous a conduit enfin, de condescendance en condescendance, à n'être plus que leurs jouets et leurs complaisans serviteurs. Ne dites-vous pas tous qu'on n'obtient rien d'eux que par la *douceur* et la prière? C'est que sous l'empire de la religion vous auriez été les dieux de vos enfans; au lieu que par le laisser-aller de la sensibilité naturelle, vos enfans sont devenus vos dieux.

Mais à mesure que la pensée de Dieu se révèle et illumine l'intelligence, voyez maintenant ce qui se passe dans le cœur du jeune homme. Quand une fois, par les enseignemens, par les soins de la religion, cette céleste institutrice, qui parle toujours à l'homme le langage de la vérité et de l'amour, ce nom sublime de Dieu est devenu aussi aimable qu'il est puissant et adorable, tout pouvoir qui se présente avec Dieu n'exerce plus qu'un doux empire sur des cœurs dévoués et tout prêts à obéir. Alors, certes l'obéissance n'est plus un sacrifice qui humilie l'homme, le contriste et froisse ses sentimens les plus délicats ; non : c'est une harmonie céleste aux doux accens de laquelle les âmes s'inclinent l'une vers l'autre, s'unissent, se confondent en une même volonté, et se reposent avec sécurité l'une sur l'autre, pour que celle-là conduise, qui doit conduire, par l'ordre établi de Dieu. Quoi que l'on fasse pour le bien, il n'y a plus de contrainte, parce que sous l'influence de la pensée de Dieu, l'homme veut toujours tout ce qu'il doit ; les privations coûtent peu, quand elles préservent du mal, parce qu'avec la pensée de Dieu, l'homme n'abhorre rien plus, après le mal, que ce qui l'engendre. Cela est vrai pour tous, mais c'est vrai surtout pour les enfans, car dans les jeunes cœurs la foi est toujours plus lucide, plus pénétrante, plus active, plus généreuse.

Vous êtes-vous jamais rencontré, Messieurs, dans une de ces maisons d'éducation, où la religion exerce à loisir son heureuse influence, au milieu de quelques groupes d'enfans, un de ces jours que Dieu a faits, jours de paix, jours de joie et de bénédiction, où dans la commune participation à de saints mystères tous les cœurs se sont accordés et unis. Ces enfans qu'on voit ailleurs, ou en d'autres temps, si remuans, si impatiens, si défians surtout de l'œil du maître, calmes en ce beau jour, l'œil serein et brillant, le sourire sur les lèvres, se pressent à l'envi autour de celui qui les guide, s'attachent à la place qui les approche le plus près de ses côtés ; cherchent dans ses regards l'expression d'une volonté, pour avoir le bonheur de la faire, et demeurent de longues heures à recueillir la parole qui tombe de ses lèvres ; — et ces anges pourtant ce sont des écoliers ; ce paradis, c'est ce même collége, que d'autres sous un autre régime, que ces mêmes enfans en d'autres circonstances appelleront une prison. Qu'est-il donc arrivé ? D'où a pu venir cette transformation miraculeuse ? Quelle puissance bienfaisante a tout-à-coup affranchi ces enfans de la servitude et leur a fait oublier la captivité. Oh ! c'est qu'ils sont devenus les enfans de Dieu; c'est qu'elle est descendue dans leur cœur cette grâce du Christ, qui en enseignant aux hommes les vrais motifs de la sagesse, leur a révélé le secret de la vraie liberté. Cette transformation, Messieurs, c'est l'œuvre, c'est le triomphe de l'éducation religieuse. C'est par ces moyens puissans, par la constance de leur application, par la sage tempérance, la marche graduée qu'elle sait donner à leur emploi, que, dans ses mains, le cœur de l'homme, irréductible aux efforts de l'homme, se laisse captiver, pétrir comme une cire ductile, par un travail qui se fait à peine sentir; qu'il devient sage sans cesser de se croire libre, et que le problème est résolu de rendre un homme, par l'éducation, incapable de faire un mauvais usage de sa liberté.

Toutefois, il faut l'avouer, pour atteindre cette fin, l'éducation exige du maître un dévouement qui n'ait point de bornes; c'est comme si je disais un dévouement religieux.

Un enfant à élever n'est pas toujours ce que
se figure l'homme du monde ou le penseur de
cabinet. Gais, pétillans, naïfs et frais comme
la nature aux beaux jours du printemps, il n'y
a rien de plus aimable que les enfans, quand il
ne s'agit que de les amuser. Passe encore pour
les instruire ; toute la peine de ce travail se ré-
duit au pire à quelques heures d'ennui. Mais les
élever ! mais pourvoir et suffire à leurs besoins
multipliés quand ils sont encore dans un âge de
faiblesse ; les préserver, par une surveillance
incessante, quoique inaperçue, de toutes les at-
teintes du vice ; les contenir dans une certaine
régularité, sans les gêner et sans les contrain-
dre ; redresser leurs penchans et corriger leurs
fautes sans les aigrir ; leur inspirer enfin, pour
toute la vie, l'amour des liens sacrés qui les
enchaînent au devoir ; ah ! Messieurs, c'est une
œuvre tout autrement difficile.

Pour la suivre, cette œuvre, pour l'accom-
plir avec succès, il ne suffit pas à l'homme qui

va l'entreprendre d'être doué d'un tact que
l'expérience et la réflexion ont pu élever à une
rare habileté. Il n'a pas assez, et quelquefois
il peut avoir trop, d'un zèle ardent, d'une assi-
duité non interrompue, d'un travail infatigable;
il y consumera en vain son temps et ses forces ;
si, avec cela, il ne remplit pas une autre condition, le succès ne lui est pas assuré. Interrogez
le cœur du père, tel que le fait la nature, car,
dans le sens de la nature, c'est le père qui doit
être l'instituteur de ses enfans : interrogez le
cœur du père, et ce secret vous sera révélé :
pour élever les enfans, Messieurs, il faut ten-
drement les aimer.

Le véritable et bon éducateur peut être défini,
un homme habile et vertueux qui aime les enfans.

Un homme habile, parce que l'objet de son
art c'est ce qu'il y a de plus impénétrable et
de plus insaisissable au monde, le cœur humain.

Un homme vertueux, parce que les préceptes de la vertu, quand ils ne sont soutenus par l'exemple, tombent dans le ridicule ou pèsent comme un joug de fer.

Un homme qui aime les enfans, parce que jamais l'enfant, doué à un haut degré d'un instinct puissant de conservation, ne se laissera conduire volontiers, s'il ne sait pas que celui qui le conduit l'aime et ne peut lui vouloir que du bien.

Allez donc dans les villes et dans les campagnes, faites sonner de la trompe, Législateurs, pour susciter, dans la foule de vos concitoyens, autour des asiles de la jeunesse, un nombre suffisant de tels éducateurs. Rappelez ces hommes de mérite qui se lancent tous, autant que la fortune leur offre de portes ouvertes, dans les carrières brillantes du barreau, de l'épée, de la diplomatie, des hautes sciences ; dans les spéculations lucratives du commerce et de l'indus-

trie ; dans les fonctions administratives qui mè-
nent au pouvoir et aux honneurs ! Ils se trompent, ils s'égarent, ils ont à mieux employer
leur talent et leur vie. Qu'ils viennent, qu'ils
descendent dans les écoles ; qu'ils s'enfoncent
dans cette humble poussière ; qu'ils s'ensevelis-
sent dans le silence du cloître ; qu'ils étreignent
avec amour, de leurs deux bras, toutes les dé-
goûtantes misères de l'enfance, toutes les épi-
neuses saillies de l'adolescence, toutes les crises
fébriles des passions naissantes de la jeunesse,
et que, pour jouir sans mélange de cette félicité,
ils disent adieu aux plaisirs du monde, adieu
aux douceurs de la famille, adieu aux charmes
aimables de l'indépendance ; allons, généreux citoyens, consommez votre sacrifice... Mais vous,
Législateurs, quelle récompense offrirez-vous ?
que donnerez-vous en échange pour tant d'a-
bandon, tant de privation, tant d'arides travaux ? quel attrait si puissant ferez-vous briller pour entraîner les volontés hésitantes, pour
vaincre les répugnances de la nature, pour ba-

lancer les calculs de l'ambition? que promet-
trez-vous? La reconnaissance des hommes? Qui
peut y compter? Qui oserait la garantir, après
avoir vécu un jour seulement dans le monde?
L'élévation aux honneurs? mais nos mœurs le
souffriraient-elles? Les soins de l'éducation sont
tellement pénibles, ils entrent dans des détails
si petits et si bas, que le plus haut rang accordé
dans la société à l'homme qui s'y dévoue, c'est
le premier, parmi les infortunés, que le besoin
condamne à des fonctions serviles. L'esprit du
monde est là, et le manteau de pourpre jeté sur
les épaules de l'éducateur ne serait pour lui
qu'un titre à la risée publique. — Tenterez-
vous l'appât de l'or? L'opulence des familles ou
la prospérité de l'État permettrait-elle de faire
bien large la part de l'éducateur; est-ce avec
de l'or qu'on achète de tels sacrifices? On gra-
tifie le talent, on salarie la peine, on paie le
travail; mais qui dira ce que vaut un dévouement du cœur? L'amour fut-il jamais à la solde
du pouvoir ou de la fortune?

Pauvre enfant! dit une mère quand elle est enfin obligée de se séparer de son jeune fils pour le faire élever; pauvre enfant! tu n'auras donc plus près de toi personne qui t'aime; et les larmes aux yeux, le cœur gros de soupirs, elle l'embrasse trois fois!

O toi que le ciel a versée sur la terre, comme le baume consolateur de tous les maux de l'humanité; toi que la douleur voit assise au pied de sa couche délaissée; toi qui tends les bras à la misère que partout on rebute; toi qui descends dans les cachots pour briser les fers des captifs et pour calmer les remords du crime, ô religion! c'est encore toi, c'est toi seule qui va venir en aide à la faiblesse de l'enfance!

Tiens, dit la religion à cet homme qui, s'étant prosterné devant l'autel, a demandé à Dieu ce qu'il pourrait faire pour lui être agréable: tiens, si tu veux me servir, voilà mes enfans; consacre à leur éducation ton esprit, tes forces, ta vie et sème, dans cette œuvre, tes mérites pour l'éternité. Va! je te donne d'abord pour les éclairer et pour les conduire mon indéfectible lumière; ensuite, pour les aimer, je te donne mon cœur; que les affections divines soient désormais à leur égard ta règle et ta loi. Tu seras leur père, parce que Dieu est leur père; tu veilleras sur tous, parce que la divine Providence veille sur tous; tu les accueilleras tous, parce que la bonté de Dieu ne rejette personne et qu'elle espère de tous; ne crains pas que ton cœur ne puisse y suffire : je l'agrandirai immensément en y faisant pénétrer l'immense charité de Dieu. Apprends de moi que je suis mère, et que j'ai pour ces enfans un attachement profond et indestructible : je les ai adoptés avant leur naissance, et je ne les abandonnerai pas même à la mort; ainsi prends garde : veille sur eux, la nuit, le jour; oppose tour à tour à leurs ennemis la force et la vigilance, et qu'il ne s'en perde pas un seul, s'il est possible. Sois infatigable; ne cherche pas ailleurs

qu'au milieu d'eux ton délassement et ton repos ; que rien ne puisse te distraire ni t'abattre,
ni te rebuter ; s'ils t'écoutent, bénis-moi ; s'ils
te résistent, invoque-moi ; s'ils t'affligent, lève
les yeux vers moi, je serai ta consolation et ta
récompense : oui ! travaille à leur bonheur,
malgré eux s'il le faut et malgré leur siècle.
Exhorte, conseille, conjure, dis la vérité à
tous, même à ceux qui ne veulent pas l'entendre ; si le torrent les entraîne, marche contre
le torrent ; même en succombant, tu triomphe-
ras ; personne ne peut te ravir le prix de ta
constance et de ton zèle ; car tu me trouveras
toujours à la fin pour te relever et te faire asseoir au séjour de l'immortalité.

Pères de famille, vous qu'une tendresse
éclairée met à l'abri de toute prévention aveugle, hâtez-vous donc, hâtez-vous de demander
à hauts cris qu'on les laisse aller, vos enfans, à
l'homme de la religion. Cet homme ce n'est pas
seulement le prêtre, parce que, Dieu merci,

nous n'en sommes point venus au temps où le dévouement religieux n'ait plus d'asile que dans le cœur du prêtre; mais c'est éminemment le prêtre, parce que c'est dans son cœur, si quelque part, que la lumière de la foi allume et entretient le feu sacré de la charité. Mandataire du Sauveur des hommes, dispensateur de ses bienfaits, l'amour des hommes est sa loi, le sacrifice est son devoir. — Si, pour aimer les enfans, il faut être père, sachez que la charité divine qui l'anime et qui l'inspire est l'effusion même de la paternité de Dieu; et qui est père plus que Dieu! Vos enfans seront donc ses enfans; il les aimera et ils l'aimeront, et ils se laisseront aller à sa voix, et ils entreront sur ses pas dans les sentiers de la vertu. Ils iront, non par contrainte, comme des esclaves, mais par attrait, comme il convient à des hommes. Leurs cœurs s'agrandiront, parce qu'ils seront à l'aise; leurs esprits s'élèveront, parce qu'ils seront plus dégagés et plus purs : et l'éducation religieuse, qui seule aura pu être libérale, qui si

dignement aura été paternelle, résolvant un problème difficile, aura complétement atteint le
but marqué par les vœux de la famille, par les
besoins de la société, par l'esprit de la religion;
l'homme formé à cette école, et sous ces aus-
pices, étant constamment le plus aimant et le
plus aimable des hommes, le plus sage gouver-
nant et le plus facile à gouverner.

Mais terminons enfin ce discours, auquel plus
de prolixité ne saurait ajouter ni plus de clarté,
ni plus de force. Nous avons successivement
réfuté toutes les raisons et toutes les préventions
que peut alléguer l'homme d'état, pour éluder
ou pour refuser la liberté de l'éducation. Maintenant, nous pouvons rétorquer nos adversaires
et leur dire à notre tour : Voyez ce que vous
nous refusez. Vous refusez aux pères de famille
l'exercice d'un droit qui leur est plus cher que
l'existence, car un père tient au bonheur de
ses enfans autant qu'à la vie. Vous refusez à vos
concitoyens une faculté que leur garantit cette

constitution de l'État qu'ils ont jurée avec vous, et que vous avez juré comme eux de maintenir. Vous refusez à vos co-réligionaires, à quelque culte que vous apparteniez, l'unique voie par laquelle ils puissent transmettre à leur famille, pure et entière, la croyance qu'ils ont reçue de leurs pères ; et ce refus, qu'on pourrait appeler barbare, puisqu'il est en opposition avec le vœu le plus cher de la nature ; tyrannique, puisqu'il méconnaît et opprime les plus inviolables des libertés ; impie, puisqu'il aboutirait à l'anéantissement de toute religion ; ce refus, que nous n'avons point qualifié aussi durement, ménageant l'erreur dans l'intention qui la pallie, ne serait cependant fondé sur aucun motif plausible, sur aucune raison péremptoire. Les craintes que vous inspire le clergé sont injustes et chimériques. S'il réclamait, il serait dans son droit ; s'il y rentrait, un grand bienfait serait acquis à la génération qui s'élève, puisqu'il n'y a de belle et bonne éducation que celle qui est à la fois paternelle et libérale, et que seule l'éducation religieuse , celle qui ne se fera jamais sans le clergé , jamais mieux que par lui , offre et promet à la société et à la famille , sous les plus sûres garanties , l'accomplissement de ces deux conditions. D'où il suit que le refus de la liberté de l'enseignement , non-seulement ne préviendrait aucun mal , mais frapperait d'une plaie irréparable et la famille , et la patrie , et la religion.

Ah ! puisse cette noble et sainte cause , bien méditée et bien comprise, compter de nombreux défenseurs ! Puisse de toutes parts s'élever , comme une clameur unanime, la voix du père, la voix du prêtre , la voix de l'instituteur libre et dévoué ! La mienne va rentrer dans le silence, après avoir peut-être vainement agité un peu d'air, sans avoir pu se faire entendre ni assez loin ni assez haut. C'est toujours un bon exemple que j'aurai donné ; c'est un tribut que j'aurai payé à ma religion , à mon pays, à cette jeunesse que toute ma vie j'ai tant servie et tant

aimée. C'est un devoir que j'aurai rempli ,
puisque la divine Providence m'a donné voca-
tion et mandat pour la défense et pour l'exten-
sion de la religion par l'éducation. Dussé-je de
mes efforts ne retirer pour moi d'autre fruit que
l'animadversion qui peut-être s'ensuivra ; c'est
toujours profit pour l'homme de bonne intention que d'avoir compromis ses intérêts, son
repos, même sa vie, pour la vérité, pour la
justice, pour le progrès de l'humanité.

FIN.